Selfpublishing. Vom Manuskript zum Buch

Marion Voigt

SELFPUBLISHING.
VOM MANUSKRIPT ZUM BUCH

Ein Leitfaden für Autorinnen und Autoren

Die Deutsche Nationalbibliothek verzeichnet diese Publikation
in der Deutschen Nationalbibliografie; detaillierte bibliografische
Daten sind im Internet über *http://dnb.dnb.de* abrufbar.

@ 2021, Marion Voigt
folio · Lektorat | Texte | Agentur, www.folio-lektorat.de

Herstellung und Verlag:
BoD – Books on Demand, Norderstedt

Lektorat:
Barbara Lösel, Sabine Schöberl

Coverdesign, Layout/Satz:
Tanja Rose, www.agenturrose.de

Illustrationen:
Adobe Stock © ngupakarti

ISBN 978-3-7534-2415-6

INHALT

EINLEITUNG

In meiner praktischen Arbeit als Lektorin führe ich oft Gespräche mit Autorinnen und Autoren, die erwägen, ihr Buch in Eigenregie zu veröffentlichen. Dabei gibt es viel Erklärungsbedarf zu diesem Segment des Buchmarkts. Selfpublishing an sich ist zwar nicht neu, aber erst in den letzten Jahren hat es an Renommee gewonnen.

Dieser Leitfaden liefert einige grundlegende Antworten auf Fragen zum Verlegen ohne Verlag, eine Übersicht über die notwendigen Schritte und nützliche Tipps. Jeder Abschnitt schließt mit Anregungen und Raum für Notizen. Los geht es an dem Punkt, an dem das Manuskript geschrieben ist.

Der erste Teil führt durch die wichtigsten Etappen auf dem Weg zum Buch und hilft dabei, sich über die eigenen Ziele und To-dos klar zu werden.

Im zweiten Teil erkläre ich zunächst verschiedene Begriffe, die Selfpublisher:innen immer wieder begegnen und ihnen geläufig sein sollten. Eine Checkliste erlaubt dann den schnellen Zugriff auf die einzelnen Schritte im Publikationsprozess. Als spielerisches Element folgt eine Sammlung von Assoziationen und Definitionen zum Thema Buch.

Der dritte Teil enthält Kurzinterviews von einigen Selfpublisher:innen, mit denen ich zusammengearbeitet habe. Sie sind sehr persönlich gehalten und geben ganz unterschiedliche Beispiele dafür, wie das Abenteuer Buch aussehen kann.

Den Abschluss bildet eine kommentierte Liste empfehlenswerter Publikationen und Links, ohne Anspruch auf Vollständigkeit.

Der gesamte Leitfaden eröffnet den Zugang zu einem ebenso kompetenten wie entspannten Umgang mit Selfpublishing, indem er Orientierung schafft. Einen ausführlichen Ratgeber oder eine persönliche Beratung will er nicht ersetzen. Aber er macht Lust aufs eigene Buch als Pendant zur klassischen Verlagspublikation im deutschsprachigen Buchmarkt.

Viel Spaß beim Lesen und Arbeiten!

PS: Noch ein Wort zum Gendern. Ich wechsle in diesem Text zwischen der Doppelnennung weiblicher und männlicher Formen, geschlechtsneutralen Formulierungen und der Schreibung mit Doppelpunkt.

VERLEGEN OHNE VERLAG

War Goethe Selfpublisher? In mindestens einem Fall schon. Er ließ 1773 als Vierundzwanzigjähriger sein Drama *Götz von Berlichingen* anonym auf eigene Kosten drucken. Erst mit der Uraufführung ein Jahr später wurde es zum Erfolg, und der Autor brauchte sich keine Sorgen mehr um die Verlagssuche zu machen.

Es gibt viele Gründe, ein Werk selbst zu veröffentlichen. Keinen Verlag zu finden ist nur einer davon – und längst nicht mehr der wichtigste.

Manche Texte sind von vornherein nicht für den Buchmarkt gedacht, wie zum Beispiel Publikationen von Hochschulen, Behörden, Unternehmen etc. Sie werden unter dem Begriff Graue Literatur zusammengefasst. Anderen ist der Zugang zur Öffentlichkeit durch staatliche Zensur und Repressalien versagt. So konnte Alexander Solschenizyns Werk *Archipel Gulag* (1968) in der Sowjetunion zunächst nur durch Abschreiben, Abtippen und Kopieren verbreitet werden, und zwar im Samizdat, was nichts anderes als Selbstverlag bedeutet.

Reputation ist (fast) alles

Der Selbst- oder Eigenverlag war schon immer eine Möglichkeit, das Lesepublikum zu erreichen. Aber der Weg gestaltete sich noch vor zwanzig Jahren ungleich steiniger als heute, und er führte eher selten zum Ziel. Zu groß fielen meist die Qualitätsunterschiede im Vergleich mit Verlagspublikationen aus. Ein laienhaftes äußeres Erscheinungsbild von Selbstverlegtem und inhaltliche Mängel förderten Vorurteile und ruinierten das Image.

Eine ganze Gruppe von Pseudoverlagen profitierte davon und verschärfte zugleich das Problem. Die Geschäftsidee dieser sogenannten Druckkostenzuschussverlage war und ist es, gutgläubigen Autor:innen die Veröffentlichung ihres Buchs zu überteuerten Preisen und mit falschen Versprechungen zu verkaufen. Hierbei handelt es sich wahrlich um keine Alternative zu Selfpublishing.

Mit der Digitalisierung haben sich manche Schritte vereinfacht. Vor allem durch amazons E-Book-Plattform Kindle Direct Publishing kam die Sache in Schwung. Eine Datei lässt sich damit günstig in ein E-Book umwandeln, weltweit auf dem E-Reader verfügbar machen und nach Bedarf drucken. Eine verlockende Aussicht, die zum Experimentieren einlud. Doch auch hier beschädigt(e) allzu oft das Fehlen von professionellem Know-how die Reputation.

Inzwischen sieht vieles anders aus. Autor:innen können sich bewusst dafür entscheiden, ihr Buch selbst zu publizieren. Sie wissen, worauf es ankommt, fallen nicht auf die Lockangebote von Bezahlverlagen herein, sondern nutzen aus dem breiten Spektrum an Dienstleistern und Plattformen gezielt das, was zu ihnen passt. – So sollte es jedenfalls sein.

Von der Schmuddelecke ins Schaufenster

Verlegen ohne Verlag spart Zeit. Es geht viel schneller, ein Buch auf den Markt zu bringen, als auf dem klassischen Weg. Allerdings bedeutet es, dass mit dem Schreiben die Arbeit nicht vorbei ist und sämtliche Kosten selbst zu tragen sind, vom Lektorat bis zum Marketing. Und es verlangt die Bereitschaft, als Person sichtbar zu werden, sich zu zeigen. Wer diesen Preis zahlen mag, genießt dafür aber auch volle Gestaltungsfreiheit.

Gut gemachte Selfpublishing-Bücher heben sich vom Durchschnitt ab. Sie müssen nicht in der Schmuddelecke herumliegen, sondern haben die Chance, sich ihren Platz in den Schaufenstern der Buchhandlungen zu erobern.

Damit auch Ihr Werk neben Verlagspublikationen glänzen kann, finden Sie in diesem Leitfaden die Basics dafür, dass Ihr Abenteuer Buch gelingt.

IHR ROTER FADEN ZUM SELFPUBLISHING

Sie haben Ihr Buch fertig geschrieben, herzlichen Glückwunsch! Schreiben heißt ein Stück Welt in Ordnung bringen – für Sie ganz persönlich.

Nun wollen Sie die nächsten Schritte unternehmen und es selbst veröffentlichen, ohne Verlag. Das ist ein spannender Weg. Sie können ihn allein gehen, doch das müssen Sie nicht. Entscheiden Sie nach der Lektüre dieses Leitfadens, wofür Sie sich konkret Unterstützung holen.

Die folgenden Abschnitte geben Ihnen eine Übersicht über die Fragen und Themen, die Ihnen beim Selfpublishing begegnen. Sie helfen Ihnen, alles dafür vorzubereiten, dass Ihr Buch sein Publikum findet. Als praktische Anregung erwartet Sie am Ende jedes Abschnitts Raum für Ihre Notizen. Fachbegriffe, die mit * gekennzeichnet sind, werden im zweiten Teil einfach erklärt (ab Seite 46).

Wenn es so weit ist, wenn Sie Ihr Buch publiziert haben, dann wird es nicht mehr Ihnen gehören, das wissen Sie. Jede und jeder, die es lesen, erwecken es zu eigenem Leben. Es schwingt sich auf in den geistigen Raum aller Bücher und kann teilhaben an dem großen Gespräch, das uns Menschen verbindet, über Zeit und Raum hinweg.

Bis dahin aber bestimmen Sie, wo es langgeht.

WARUM DAS GANZE?

Was wollen Sie mit Ihrem Buch erreichen?

Stellen Sie sich vor, Sie haben ein Exemplar des fertigen Buchs in der Hand. Was fühlen Sie? Was ist Ihnen daran wichtig? Soll das Buch Sie stolz, glücklich oder reich machen?

Vom Schreiben leben können bekanntlich nur wenige Autor:innen. Umso schöner, falls Sie eines Tages dazugehören. Lassen wir hier aber den Reichtum außer Acht. Eines trifft immer zu: Ein gut gemachtes Buch ist eine hervorragende Referenz, auf die Sie stolz sein können. Es stärkt Ihre Reputation, denn Sie zeigen sich damit als gebildeter, kompetenter, kreativer Mensch. Und es ist ein Glück für Sie selbst, denn Sie haben ein Herzensprojekt erfolgreich umgesetzt. Das alles ist die Zeit und das Geld, die Sie investieren, mehr als wert.

Welche anderen Ziele verbinden Sie mit Ihrem Buch? Ihre Antworten beeinflussen alle weiteren Überlegungen.

Mein Abenteuer Buch

Was will ich mit meinem Buch für mich und/oder für andere erreichen?

_____

_____

_____

_____

_____

_____

_____

_____

_____

WER SOLL DAS LESEN UND WANN?

Für wen haben Sie Ihr Buch geschrieben?

Hier nehmen Sie wichtige Weichenstellungen vor. Sicher hatten Sie schon während des Schreibens oder bevor Sie überhaupt damit angefangen haben, einen bestimmten Personenkreis im Sinn, an den Sie sich richten. Grenzen Sie nun Ihre Zielgruppe genauer ein, etwa nach Alter, Interessen, Umfeld.

Tipp: *Blättern Sie einige Zeitschriften durch, und schneiden Sie Ihre typische Leserin, Ihren typischen Leser aus, dazu die passenden Accessoires. Kleben Sie die Bilder zu einer Collage auf ein Blatt.*

Wo sind diese Menschen zu finden? Wie informieren sie sich über Themen, die sie interessieren? Überlegen Sie, über welche Kanäle Sie Ihr Publikum erreichen können, online und analog. Soll Ihr Buch auch im Buchhandel zu kaufen sein – dann braucht es eine ISBN* –, oder setzen Sie auf andere Vertriebswege, womöglich Ihren eigenen Webshop?

Erstellen Sie einen groben Zeitplan. Wann soll Ihr Buch erscheinen? Denken Sie bereits jetzt an das Marketing (ab Seite 36), und suchen Sie frühzeitig nach starken Partner:innen und Netzwerken. Bücher brauchen Verbündete.

Mein Abenteuer Buch

Für wen habe ich mein Buch geschrieben?

_____

_____

_____

_____

Meine typische Leserin, mein typischer Leser (Text oder Collage):

_____

_____

_____

_____

_____

_____

Wo wird mein Buch gekauft?

_____

_____

_____

_____

Wann soll mein Buch erscheinen?

_____

Wer kann mir helfen? Mit wem kann ich kooperieren?

_____

_____

_____

_____

WIE SIEHT ES AUS, WOMIT KANN ICH RECHNEN?

Wie soll das Buch aussehen, und was darf es kosten?

Gehen Sie noch einmal auf Gedankenreise, und malen Sie sich Ihr fertiges Buch aus. Wünschen Sie sich eine gedruckte Ausgabe* oder ein E-Book oder beides? Soll es ein Hardcover sein, also ein Festeinband, vielleicht mit Schutzumschlag, oder ein Softcover alias Paperback, Taschenbuch, Broschur? Die Bindearten lassen sich noch feiner differenzieren, aber hier genügen ein paar Stichwörter.

Je hochwertiger die Ausstattung* ausfällt, desto teurer wird die Produktion, das versteht sich von selbst. Auf den Herstellungspreis wirken sich auch farbige Abbildungen, Format, Papier, Fadenheftung, Lesebändchen etc. aus. Am besten fragen Sie eine Expertin, einen Experten für Buchherstellung, welche Ausstattungsvarianten möglich sind und wie sie finanziell zu Buche schlagen.

Wenn Sie sich überlegt haben, wer Ihr Buch kaufen soll, haben Sie auch bereits eine ungefähre Vorstellung davon, wie viel es kosten darf, je nach Kaufgewohnheiten Ihrer Zielgruppe. Nähern Sie sich dem späteren Ladenpreis*, indem Sie das Preisniveau vergleichbarer Titel recherchieren, zum Beispiel in Ihrer Lieblingsbuchhandlung. Und machen Sie eine erste Kostenkalkulation* für Ihr Buchprojekt (siehe auch die folgenden Abschnitte).

Preisgestaltung ist ein sensibles Thema. Um tiefer einzusteigen, sammeln Sie weitere Informationen dazu.

Mein Abenteuer Buch

Wie soll mein Buch aussehen?

_____

_____

_____

_____

_____

Welche Kosten kommen auf mich zu?

_____

_____

_____

_____

_____

Zu welchem Ladenpreis* kann ich mein Buch verkaufen?

_____

_____

_____

_____

_____

Was kosten ähnliche Bücher (Referenztitel)?

_____

_____

_____

_____

_____

WAS GEHÖRT ZUR BUCHERSTELLUNG?

Fehlt bei »Bucherstellung« nicht ein Buchstabe? – Gut gesehen! Im Druck- und Verlagswesen redet man von Buchherstellung, wenn die Produktion von der Gestaltung bis zum Druck oder zur Digitalisierung gemeint ist. Aber im Selfpublishing begegnet Ihnen oft das Wort ohne h und mit Betonung auf der ersten Silbe. Deshalb übernehme ich es hier als Oberbegriff für alles, was mit dem fertigen Manuskript* bis zur Veröffentlichung passiert.

Lektorat

Was geschieht beim Lektorieren?

Lektorieren bedeutet, Texte sorgfältig zu prüfen, zu ordnen und nach Bedarf zu verbessern. Das Ergebnis ist ein in sich stimmiges, schlüssiges Werk. Hier einige Merkmale, die es auszeichnen:

- Erwartungen an Textsorte bzw. Genre* wurden berücksichtigt.
- Aufbau und Stil überzeugen ebenso wie der Inhalt.
- Formulierungen sind verständlich.
- Schreibweisen wurden vereinheitlicht.
- Grammatik, Rechtschreibung und Zeichensetzung sind korrekt.

Korrekturlesen ist übrigens nicht notwendigerweise Teil des Lektorats. Es ergänzt die inhaltlich-stilistische Prüfung und dient dem

Lesefluss, sollte aber in einem eigenen Arbeitsgang erfolgen, bevor die Gestaltung beginnt (siehe auch Seite 31/32).

Vielleicht haben Sie sich schon während des Schreibens fachkundig begleiten lassen, vielleicht suchen Sie erst jetzt nach Unterstützung, zum Beispiel hier: *www.vfll.de/lektor-in-finden.* Tun Sie es auf jeden Fall rechtzeitig, gerade wenn Ihr Manuskript* mehrere Hundert Seiten umfasst, damit es keine langen Wartezeiten gibt. Denn nun geht es ums Ganze.

Sehen wir uns die Ausgangssituation an. Ihr Text liegt in einer Datei vor, in Kapitel und Absätze gegliedert, aber ansonsten unformatiert. Sofern das Buch Abbildungen enthalten soll, verweisen Platzhalter auf die Fotos, Grafiken oder Tabellen in einem extra Dateiordner. Überfliegen Sie alles noch einmal, und kontrollieren Sie:

- Sind Fakten, Namen, Zahlen sachlich richtig?
- Haben Sie Zitate kenntlich gemacht und Quellen angegeben?
- Verfügen Sie über die Bilddaten in geeigneter Qualität?
- Liegen Ihnen die notwendigen Nutzungsrechte* vor?
- Wahren Ihre Inhalte geltendes Recht, insbesondere die Persönlichkeitsrechte anderer?

Mit einem beherzten Ja auf diese Fragen sind Sie bereit, Ihr Manuskript* in fremde Hände zu geben. Wo immer Sie unsicher sind, besprechen Sie das mit der Lektorin, dem Lektor Ihrer Wahl. Sie oder er berät Sie zuverlässig.

Stimmen Sie sich über die genaue Vorgehensweise ab, und zwar auf der Grundlage Ihres Texts. Worauf ist besonders zu achten? Wie viele Durchgänge soll es geben? Wie ist der Zeitplan? Je nachdem was Sie benötigen, erhalten Sie ein individuelles Angebot über die Kosten für das Lektorat und andere Leistungen wie Beratung, Texterstellung oder Recherche.

Haben Sie Bedenken, dass Sie Ihren Text nach dem Lektorat nicht wiedererkennen? Keine Sorge, Lektor:innen sind keine Autor:innen. Sie bleiben möglichst nah am Wortlaut des Originals, machen Vorschläge für Formulierungen und stellen Fragen, wo etwas unklar ist. Dadurch gewinnt Ihr Text zusehends an Kraft. Ganz transparent für Sie – denn Lektorat ist Vertrauenssache.

Ziel ist es, dass alle Teile zusammenpassen, sowohl inhaltlich als auch formal. Dazu gehört nicht zuletzt, dass Ihr Manuskript* vollständig ist, von der Titelei* samt Impressum* (gegebenenfalls mit ISBN*) bis zum Anhang*.

Und der Buchtitel? Recherchieren Sie, ob Ihr Wunschtitel noch frei verwendbar ist, oder lassen Sie das Ihre Lektorin, Ihren Lektor tun. Sie oder er kann auch bei der Formulierung beraten, damit wichtige Keywords* enthalten sind. Das Gleiche gilt für die Kurztexte zur Bewerbung (für Umschlag, Website, Folder etc.) sowie für eine Presseinformation. Fragen Sie einfach danach.

Am Ende steht das satzfertige Manuskript*. Vorsicht, das heißt noch nicht druckreif! Es bedeutet, dass der nächste Schritt bei der Bucherstellung beginnen kann: die Gestaltung.

Mein Abenteuer Buch

Meine Wünsche an das Lektorat:

_____

_____

_____

_____

_____

Hier brauche ich Beratung:

_____

_____

_____

_____

_____

Ideen für den Buchtitel:

_____

_____

_____

_____

_____

Das muss ich noch klären:

_____

_____

_____

_____

Gestaltung

Wie findet der Inhalt seine Form?

Bei einer Verlagsveröffentlichung wandert nun das fertige Manuskript* in die Herstellungsabteilung. Dort wird ein Layout für den Innenteil des Buchs erstellt, und es folgt das Setzen von Text sowie, falls vorhanden, Abbildungen.

Mit der gleichen Professionalität übernimmt diese Aufgaben für Sie eine Grafikerin oder ein Grafiker. Oft arbeiten Lektor:innen mit einem eigenen Netzwerk von Büchermenschen zusammen und können Ihnen geeignete Ansprechpartner:innen empfehlen. Auch hier geschieht alles in enger Abstimmung mit Ihnen. Wollen Sie den Verkauf mit einer Leseprobe und weiteren Materialien unterstützen? Dann ist jetzt der richtige Zeitpunkt, um das zu besprechen.

Wenn Buchstaben in der passenden Schrift auf der Buchseite stehen, Kolumnentitel und Überschriften den Blick lenken, jedes Element aus einer durchdachten Struktur erwächst, kann sich unser Auge beim Lesen mühelos orientieren. Wir erfassen den Inhalt im Rhythmus der Typografie und blättern wie von selbst immer weiter. Das alles vermag Buchdesign.

Wie beim Lektorat stimmen Sie sich detailliert über die gewünschten Leistungen ab und holen sich ein oder mehrere Angebote ein. Behalten Sie Ihren Kostenrahmen im Blick, und legen Sie Ausstattung* und Ladenpreis* fest.

Zur Gestaltung gehört insbesondere das Design des Buchcovers. Es ist eine Kunst für sich und gehört in kundige Hände. Je nach Ausgabe* – Hard- oder Softcover, E-Book – hat der Umschlag eine oder mehrere Seiten für Bild und Text. Sie werden mit U1 bis U4 bezeichnet, hinzu kommt der Buchrücken.

- U1: Die Vorderseite trägt Ihren Namen und den Buchtitel samt Untertitel und eventuell einem Button mit werblichem Zusatz.
- U2: Auf der vorderen Innenklappe steht der Klappentext mit der Kurzbeschreibung des Inhalts; bei einer Ausgabe* ohne Umschlagklappen kann der Text auf die Seite [2] der Titelei* rücken.
- U3: Die hintere Innenklappe bietet Platz für Ihre Kurzvita und ein Porträt (sie passen alternativ auch auf die U4).
- U4: Die hintere Umschlagseite enthält einen Werbetext zum Buch oder die für die Klappen vorgesehenen Texte. Auch ein Zitat aus einer Rezension macht sich gut.
- Buchrücken: Hier stehen Ihr Name und der Buchtitel.
- E-Book: Das Cover besteht aus der U1, die Kurzbeschreibung erscheint nur in den Onlinekatalogen.

Sie können die Kurztexte für die verschiedenen Umschlagseiten und die Kataloge gemeinsam mit Ihrer Lektorin, Ihrem Lektor erarbeiten (siehe Seite 24).

Ergebnis dieser Arbeitsschritte ist die vollständige digitale Fassung Ihres Buchs. Sie stellt die Grundlage für die spätere Druckdatei dar sowie für die Konvertierung in ein E-Book-Format.

Mein Abenteuer Buch

Wer übernimmt Coverdesign, Innenlayout und Satz?

_____

_____

_____

_____

_____

(Bild-)Ideen für das Cover/Beispiele:

_____

_____

_____

_____

_____

(Text-)Elemente für die Umschlaggestaltung:

Schlusskorrektur

Stimmt was nicht?

Vor der Veröffentlichung gibt es einen separaten Korrekturlauf, der die Korrektur des Umbruchs* mit einschließt. Sie als Autorin, als Autor eignen sich dafür nur bedingt. Sie kennen Ihr Werk so gut, dass Sie eher lesen, was dastehen sollte, als was Sie tatsächlich vor Augen haben – ein ganz normaler Effekt.

> **Tipp:** *Lassen Sie Ihre Texte eine Zeit lang liegen, bevor Sie sie auf Fehler kontrollieren, so schaffen Sie die nötige Distanz.*

Die Schlusskorrektur erfolgt im fertig gesetzten Text und dient der Qualitätssicherung. Idealerweise lesen zwei oder drei Personen Korrektur, um Fehler zu finden. Sie sind fit in neuer deutscher Rechtschreibung und achten auch auf typografische Details wie Zeilenumbrüche oder Schriftformate. Ein Buch ganz ohne Fehler? Das ist eine Rarität. Aber mit Erfahrung und Sorgfalt lässt sich ihre Zahl auf ein erträgliches Maß reduzieren.

Die meisten Lektor:innen bieten auch reines Korrektorat an, aber nicht alle. Fragen Sie deshalb konkret nach dieser Dienstleistung, wenn es um die Schlusskorrektur geht.

Sobald die Korrekturen eingearbeitet sind, geht es weiter. Die Grafikerin, der Grafiker erstellt das veröffentlichungsreife Dokument: das druckfertige PDF beziehungsweise ein Dateiformat wie ePUB für das E-Book. Bei einigen Selfpublishing-Dienstleistern ist die E-Book-Konvertierung inklusive (siehe nächster Abschnitt).

Mein Abenteuer Buch

Wer liest wann Korrektur?

_____

_____

_____

Wer erstellt die Vorlage für den Druck und gegebenenfalls das E-Book?

_____

_____

_____

Veröffentlichung

Analog oder digital?

In der Bucherstellung kommt nun die heiße Endphase. Rekapitulieren Sie: Der Ladenpreis*, den Sie festgelegt haben, passt zum Genre*, zur Erscheinungsform und zur gewünschten Ausstattung* Ihres Buchs sowie zu Ihrer Zielgruppe.

Mit dem veröffentlichungsreifen digitalen Dokument können Sie verschiedene Richtungen einschlagen, in Eigenregie oder mit Unterstützung Ihrer Lektorin, Ihres Lektors:

E-Book

Für »E-Book only« suchen Sie sich einen Distributor, der die gängigen Onlineplattformen bedient und die Abrechnung für Sie erledigt. Es gibt inzwischen Dutzende Anbieter, deshalb lohnt es sich, genau zu vergleichen.

Print + E-Book

Mit einer gedruckten und einer elektronischen Ausgabe* Ihres Buchs sind Sie bei einem Selfpublishing-Dienstleister gut aufgehoben, der beides anbietet. Vorausgesetzt, Sie entscheiden sich beim Druck für die jeweils vorgegebenen standardisierten Maße und Materialien.

Print-on-Demand*

Für ein Buch, das nach Bedarf, also »on demand«, in Einzelexemplaren oder in Kleinauflage gedruckt werden soll, wählen Sie ebenfalls einen Selfpublishing-Dienstleister.

Auflagendruck

Wenn Sie individuelle Möglichkeiten bei der Herstellung nutzen wollen, suchen Sie sich eine geeignete Druckerei. Hier können Sie bei Format, Papier, Druck und Bindung aus dem Vollen schöpfen. Sie lassen eine bestimmte Auflagenhöhe drucken und bekommen die fertigen Bücher an Ihre Wunschadresse geliefert.

Denken Sie daran, dass von jeder Publikation in Deutschland kostenlose Pflichtexemplare abzugeben sind. Ein Exemplar Ihres Buchs geht an die Deutsche Nationalbibliothek in Frankfurt, ein oder mehrere weitere (je nach Bundesland) erhält die Landesbibliothek des Erscheinungsorts.

Die meisten Selfpublishing-Dienstleister bieten Services wie den Versand von Pflichtexemplaren, E-Book-Konvertierung und ISBN-Besorgung gratis oder kostengünstig an. Weitere Leistungen können gegen Aufpreis hinzugebucht werden. Auf die einzelnen Dienstleister und Distributoren gehe ich nicht ein, ihre Auswahl und die Bewertung der jeweiligen Konditionen sollten Gegenstand einer individuellen Recherche sein.

Mein Abenteuer Buch

Welcher Selfpublishing-Dienstleister passt zu meinen Anforderungen?

_____

_____

_____

Welche Druckerei bietet mir die gewünschten Leistungen zu welchem Preis?

_____

_____

_____

Wo kann ich gegebenenfalls die gedruckten Bücher lagern (lassen)?

_____

_____

AUF DEM BESTEN WEG ZUM PUBLIKUM

Wie erfährt die Welt von Ihrem Buch?

Wenn Sie an dieser Stelle angelangt sind, atmen Sie einmal tief durch. Ihr Buch hat seine Form gefunden, und bald liegt es leibhaftig (oder digital) vor Ihnen. Nun geht es um Vertrieb und Marketing. Je nachdem was Sie erreichen wollen (siehe Seite 15), können Sie Ihre Bücher auch selbst vertreiben. Vielleicht verfügen Sie über ein großes Netzwerk, über das Sie Ihre Zielgruppe ansprechen. Vielleicht halten Sie Vorträge oder machen Lesungen, bei denen Sie Ihr gedrucktes Buch unter die Leute bringen. So etwas kann sehr gut funktionieren.

Wollen Sie auch über den Buchhandel verkaufen? Dann haben Sie eine ISBN* erworben und dazu einen VLB-Eintrag*. Dies ist notwendig dafür, dass Ihr Buch in den einschlägigen Katalogen gelistet wird und auf den gängigen Onlineplattformen bestellbar ist. E-Books brauchen eine eigene ISBN* (sofern sie nicht ausschließlich über amazon angeboten werden).

Damit Sie (steuer-)rechtlich auf der sicheren Seite sind, sollten Sie sich spätestens jetzt über Themen wie Freiberuflichkeit und Gewerbeanmeldung informieren. Beziehen Sie am besten Ihre Steuerberaterin, Ihren Steuerberater mit ein. Informieren Sie sich außerdem über die Künstlersozialkasse und die Künstlersozialabgabe (siehe Seite 86), und prüfen Sie auch eine Mitgliedschaft in der VG Wort (siehe Seite 88).

Weitere Tipps:

- *Erstellen beziehungsweise aktualisieren Sie Ihre Website mit Informationen zum Buch, zu Leseprobe und Bezugsadresse(n).*
- *Bauen Sie Ihren eigenen Newsletterverteiler auf.*
- *Halten Sie ein PDF mit allen relevanten Angaben bereit und gegebenenfalls einen gedruckten Folder für die Werbung.*
- *Registrieren Sie sich kostenlos im Autorenprogramm des Autorenwelt-Shops (siehe Seite 84). www.shop.autorenwelt.de*
- *Reichen Sie Ihr Buch bei Indie-Bücher ein (siehe Seite 86). www.indie-buecher.com/infos*

Das Folgende betrifft Sie nur eingeschränkt, wenn Sie einen Selfpublishing-Dienstleister beauftragt haben:
- *Bieten Sie Ihr Buch den Barsortimenten* zum Vertrieb an.*
- *Informieren Sie ausgewählte Buchhandlungen per Post, E-Mail oder persönlich.*
- *Seien Sie auf Bestellungen gefasst, und bereiten Sie zum Beispiel eine Rechnungsvorlage* mit allen notwendigen Bestandteilen wie Buchhandelsrabatt* und Mehrwertsteuerausweis vor.*
- *Legen Sie sich einen Vorrat an Versandmaterial an.*
- *Dokumentieren Sie Ihre Kontakte, Bestell- und Zahlungseingänge etc. in einem DSGVO-sicheren System.*

Sie haben mit diesen Maßnahmen die Voraussetzungen dafür geschaffen, dass Ihr Buch wahrgenommen wird und bestellbar ist. Nun bringen Sie es ins Gespräch. Das Marketing ist eine echte Daueraufgabe, die Ihnen niemand abnehmen kann.

Social-Media-Plattformen

Idealerweise haben Sie bereits früh damit begonnen, sich in den Social Media zu vernetzen. Teilen Sie Inhalte zu Ihrem Buch auf Ihren eigenen Profilen. Achten Sie darauf, nicht einfach nur zu werben, sondern gewähren Sie persönliche Einblicke. Überlegen Sie sich Aktionen, wie ein Gewinnspiel, um Aufmerksamkeit zu wecken. Organisieren Sie Leserunden, knüpfen Sie Kontakt zu Bloggern, regen Sie Rezensionen an, bieten Sie Gastbeiträge an. Treten Sie in Dialog mit Ihren Leser:innen.

Print- und Onlinemedien

Recherchieren Sie Redakteur:innen bei geeigneten Print- und Onlinemedien, denen Sie eine Presseinformation zu Ihrem Buch mit Rezensionsangebot senden, und zwar zwei bis vier Wochen, bevor Ihr Buch erscheint. Bieten Sie wenn möglich ein Interview zum Thema Ihres Buchs an. Überlegen Sie, ob und in welchem Medium Anzeigen sinnvoll sind.

Leseorte

Fragen Sie bei Buchhandlungen und anderen Kulturorten oder öffentlichen und privaten Einrichtungen an, ob Interesse an einer Lesung, Fragestunde, Präsentation etc. besteht. Je ungewöhnlicher, desto besser. Auch (Buch-)Messen kommen dafür infrage. Organisieren Sie ein Online-Event, und geben Sie Gutscheine über ein Ticketportal aus. – Sie sind nicht geübt im Lesen und Vortragen? Macht nichts, auch dafür gibt es Coaches. Und ansonsten gilt: Probieren Sie es aus. Immer wieder, immer besser.

Mein Abenteuer Buch

Wie informiere ich wo und wann über mein Buch – online und offline?

_____

_____

_____

_____

_____

Wie wickle ich Bestellungen und Versand ab?

_____

_____

_____

_____

_____

Wie bleibt mein Buch im Gespräch?

UND SONST?

Wie ist es gelaufen?

Vergessen Sie zum guten Schluss eines nicht: Feiern Sie Ihr Werk, feiern Sie sich selbst, Ihr Durchhaltevermögen! Vielleicht mit einer Buchpräsentation im kleinen oder auch großen Kreis. Belohnen Sie sich.

Ziehen Sie Ihr persönliches Resümee, und halten Sie im Detail fest, was Sie positiv oder negativ überrascht hat.

Regt sich da nicht schon die Lust aufs nächste Buch?

Mein Abenteuer Buch

Was ist gut gelaufen?

_____

_____

_____

Was habe ich gelernt?

Was mache ich beim nächsten Mal anders?

GUT ZU WISSEN

Um bestimmte Fachtermini zu Büchern und zum Buchmarkt kommen Sie als Selfpublisher:in nicht drum herum. Das folgende Glossar greift daher wichtige Begriffe aus diesem Leitfaden auf (im Text mit * versehen) und liefert kurze praxisbezogene Erklärungen.

Einen schnellen Zugriff auf die einzelnen Schritte im Publikationsprozess erlaubt die Stichwortliste: Checken Sie, ob Sie an alles gedacht haben.

Diesen Serviceteil schließt eine wilde Sammlung von Assoziationen und Definitionen zum Thema Buch ab. Auf spielerische Art und Weise können Sie sich hier inspirieren lassen, was Sie persönlich mit Ihrem Buch verbinden.

EINFACH ERKLÄRT

Anhang: Als Gegenstück zur Titelei* folgt der Anhang nach dem Inhaltsteil; er enthält Ergänzungen und Zusätze wie Literaturverzeichnis, Register oder auch Kartenmaterial.

Ausgabe: Im engeren Sinn die Form, in der Ihr Buch erscheint, zum Beispiel gebunden, als Taschenbuch oder als E-Book.

Ausstattung: Die gesamten materiellen Eigenschaften des Buchs, wie Format, Papier, Druck und Bindung.

Barsortiment: Buchgroß- bzw. Zwischenbuchhandel, der über spezielle Datenbanken den größten Teil der lieferbaren Bücher für den Bucheinzelhandel bestellbar hält und vieles davon in der Regel über Nacht liefert. Die größten Barsortimente sind Libri, Zeitfracht und Umbreit.

Buchhandelsrabatt: Im Bucheinzelhandel sind Rabatte zwischen 30 und 45 % üblich, beim Barsortiment* liegen sie um die 50 %. Achten Sie darauf, dass die Handelsspanne der Buchhandlung mindestens 30 % des Ladenpreises* beträgt. Falls Sie nicht mehrwertsteuerpflichtig sind, bleibt die Buchhandlung auf den 7 % sitzen, die sie ans Finanzamt abführen muss; heben Sie also den Rabatt entsprechend an. Sie können zusätzlich Remissionsrecht vereinbaren. Das heißt, Sie nehmen nach einer Frist von zum Beispiel sechs Monaten unverkaufte Exemplare gegen Gutschrift zurück.

Genre: Die meisten Bücher lassen sich nach ihrem Inhalt bestimmten Kategorien zuordnen, in der Belletristik etwa Fantasy, historischer Roman, Krimi und viele weitere, in der nichtfiktionalen Literatur zum Beispiel Sachbuch, Ratgeber, Biografie. Das erleichtert die Orientierung für die Leser:innen, erfordert aber auch, dass deren Erwartungen an die Konventionen des jeweiligen Genres berücksichtigt werden.

Impressum: Es steht als Teil der Titelei* auf Seite [4] oder auch am Ende des Buchs. Üblicherweise enthält es folgende Pflicht- und freiwillige Angaben (abhängig vom jeweiligen Landespressegesetz):
- Copyright-Vermerk
- Auflage, Erscheinungsjahr
- Autor:in
- ladungsfähige Adresse, Website
- Lektorat
- Fotos/Illustrationen
- Umschlaggestaltung
- Layout/Satz
- Druckerei
- ISBN*
- Angaben zu Nutzungsrechten*
- Bibliografische Information der Deutschen Nationalbibliothek

ISBN und VLB: Mit der Internationalen Standardbuchnummer (ISBN) geben Sie Ihrem Buch »eine einzigartige Kennnummer, die die Basis für seine Verbreitung, für das Finden in Datenbanken und Bestellen im Buchhandel und online ist« (*www.german-isbn.de*). Wichtig ist, dass Sie dazu auch den Eintrag ins Verzeichnis Lieferbarer Bücher (VLB) buchen. Diese Titelmeldung beinhaltet detaillierte Metadaten* zu Ihrem Werk (*www.vlb.de/selfpublisher*). Wenn Sie über einen Selfpublishing-Dienstleister veröffentlichen, besorgt dieser in der Regel ISBN und VLB-Eintrag kostenlos oder gegen einen Aufpreis.

Keywords: Die richtigen Schlüssel-, Stich- oder Schlagwörter entscheiden über die Sichtbarkeit und Auffindbarkeit Ihres Buchs in Datenbanken und Suchmaschinen. Wonach könnten Ihre Wunschleser:innen suchen? Bauen Sie relevante Suchbegriffe im Titel und im Kurztext ein.

Kostenkalkulation: Wie hoch Ihre externen Kosten für das Selfpublishing ausfallen, ist individuell verschieden. Beim Lektorat kommt es auf die Textqualität, den Umfang und Ihren konkreten Bedarf an. Schicken Sie Ihrer Lektorin, Ihrem Lektor den Text und besprechen Sie, was gemacht werden soll. Auf dieser Basis wird der Aufwand kalkuliert. Planen Sie ggf. ein Stundenbudget für Beratung und Projektmanagement ein. Die Kosten für Coverdesign, Layout und Satz richten sich ebenfalls nach Ihren Anforderungen.

Die Konditionen verschiedener E-Book-Distributoren und Self-publishing-Dienstleister müssen im Detail verglichen werden. Um Angebote für Druck und Bindung einzuholen, sind Ausstattung*, Umfang und Auflagenhöhe ausschlaggebend. Denken Sie auch an Werbematerial, Versand etc.

Ladenpreis: In Deutschland gibt es die Preisbindung für Bücher. Wie ein Verlag setzen Sie den Preis fest, zu dem Ihr Buch oder E-Book an die Endkund:innen verkauft wird, er gilt für jeden Ort bzw. jede Plattform gleich. Jede Ausgabe* hat ihren eigenen Preis. Der Nettoladenpreis (NLP) ist der um die Mehrwehrtsteuer (7 %) verminderte Ladenpreis (LP). So berechnen Sie ihn: NLP = LP : 107 x 100.

Manuskript: Gängige Bezeichnung für Ihre Textvorlage, auch wenn sie nicht mehr von Hand geschrieben ist (lat. manu scriptum).

Metadaten: Wenn Sie Ihr Buch ins Verzeichnis Lieferbarer Bücher (VLB)* aufnehmen lassen, tragen Sie dort eine Vielzahl an Informationen ein. Tun Sie das akribisch genau, denn diese Metadaten machen Ihr Buch auf den diversen Verkaufsplattformen sichtbar. Geben Sie neben den vollständigen bibliografischen Daten (Autor, Titel, Preis, Auflage, Umfang etc.) u.a. Schlagworte an sowie den Status der Lieferbarkeit (muss vierteljährlich bestätigt werden!), und laden Sie Zusatzinformationen wie Cover und Kurztexte hoch.

Nutzungsrechte: Was andere Urheber:innen geschaffen haben, dürfen Sie nur verwenden, wenn Sie sich die Nutzungsrechte besorgen, also um Erlaubnis nachfragen und ggf. Gebühren dafür bezahlen. Das gilt für alle Texte, Fotos, Grafiken etc., die nicht gemeinfrei sind. Umgekehrt schützt das Urheberrecht aber auch Sie davor, dass jemand Ihr Werk oder Teile davon ohne Ihre Zustimmung nutzt.

Print-on-Demand: Mit dieser Lösung können Sie ohne Lagerkosten einzelne Exemplare oder auch kleine Auflagen Ihres Buchs (ver-) kaufen. Gedruckt wird erst nach Bestellung, in der Regel digital. Das heißt, es stehen nur standardisierte Papiersorten und Formate zur Auswahl. Die Produktionskosten pro Exemplar sind höher als im Auflagendruck.

Rechnungsvorlage: Erleichtern Sie es Buchhändler:innen, Ihr Buch zu verkaufen. Notwendige Bestandteile der Rechnung, mit der Sie es an die Buchhandlung versenden, sind neben Absender- und Empfängeradresse sowie Ihrer Rechnungsnummer das Bestell- und das Lieferdatum. Außerdem geben Sie an:
- Anzahl der Exemplare, Titel, Einzelladen- und Gesamtpreis.
- Führen Sie den Buchhandelsrabatt* an sowie eventuell einen Portoanteil.
- Wenn Sie mehrwertsteuerpflichtig sind, weisen Sie die enthaltene Mehrwertsteuer separat aus (zurzeit 7 %).

- Falls Sie nach der Kleinunternehmerregelung von der Mehrwertsteuer befreit sind, vermerken Sie dies (z.B. »Gemäß § 19 UStG wird keine Umsatzsteuer berechnet.«).
- Bitte nicht vergessen – Ihre Steuernummer und die Bankverbindung.

Titelei: Der Innenteil Ihres Buchs beginnt mit einer Anzahl an Seiten ohne Seitenzahl (sie werden aber mitgezählt). Ihre Zuordnung hat sich historisch entwickelt und kann je nach Genre* variieren. Die Titelei fängt wie der Inhalt mit einer rechten Seite an.

[1] Schmutztitel

[2] Leerseite (Vakat) oder Abbildung (Frontispiz)

[3] Haupttitel

[4] Impressum*

[5] ggf. Widmung oder Zitat

[6] ggf. Leerseite (Vakat)

[7] Inhaltsverzeichnis (bei mehrseitigem Inhaltsverzeichnis verschieben sich die folgenden Seiten)

[8] Leerseite (Vakat)

Umbruch: Der Begriff bezeichnet in der Typografie das richtige, sinnvolle und ästhetische Umbrechen von Zeilen, Spalten und Seiten.

VLB: siehe ISBN

SCHNELL GECHECKT

Haben Sie an alles gedacht? – Ihre Stichwortliste zum Selfpublishing:

- Ziele klären
- Zielgruppe definieren
- Vertriebswege prüfen
- Kostenrahmen abstecken
- Zeitplan erstellen
- Partner:innen suchen
- Marketingideen sammeln
- ggf. druckfähige Abbildungen sichern
- ggf. Nutzungsrechte* einholen
- Lektorat beauftragen
- Titelrecherche durchführen
  (siehe auch *boersenblatt.net/titelschutz/faq*)
- Kurztexte erstellen (lassen)
- ggf. ISBN und VLB-Eintrag kaufen
- Grafik beauftragen (Cover, Layout und Satz)
- Ausstattung* festlegen

- Korrektorat beauftragen
- Korrekturen einarbeiten (lassen)
- Druckdatei bzw. E-Book-Vorlage erstellen (lassen)
- ggf. E-Book-Distributor finden
- ggf. Selfpublishing-Dienstleister finden
- ggf. Druckerei beauftragen
- Pflichtexemplare abliefern
- (steuer-)rechtliche Vorgaben klären
- über VG Wort und Künstlersozialkasse informieren
- Vertrieb unterstützen
  (Website, Buchhandelsinformationen etc.)
- Rechnungsstellung, Versand und Buchhaltung organisieren
- Marketingideen umsetzen
- Rezensionen, Lesungen etc. anbieten
- Dialog mit den Leser:innen suchen
- Erfolge feiern!
- _____
- _____
- _____

SPIELERISCH GESAMMELT

Machen Sie mit bei einem kleinen Brainstorming über unser Objekt der Begierde: Was ist eigentlich ein Buch?

Ein Buch ist ein Wachstumsprozess. Es zu schreiben, es loszulassen, es zu veröffentlichen setzt enorme Kräfte frei – für Sie und im besten Fall auch für andere, indem Ihr Buch die Leser:innen inspiriert, informiert, unterhält.

Ein Buch ist ein Gemeinschaftswerk. Neben Ihnen als Autorin, Autor sind verschiedene Expert:innen daran beteiligt. Es ist mehr als ein Text, als eine Geschichte. Der Regionalkrimi, die Romantrilogie, der Wellnessratgeber, die Firmengeschichte, der Bildband, die Lyriksammlung: Jedes Buch ist anders. Gut, wenn jemand sich mit Warengruppen, Brotschrift und Auszeichnungen auskennt, mit Natur-, Werkdruck- und Bilderdruckpapier, mit Klappenbroschur und Fadenheftung. Alle inneren und äußeren Merkmale tragen zu einem stimmigen Gesamtbild bei. Der Inhalt gewinnt eine angemessene Form.

Ein Buch ist ein Kommunikationsmittel. Struktur und Gestaltung dienen dazu, die Botschaft bestmöglich zu übermitteln. Das hochkomplexe Medium ist Ergebnis einer ausgereiften Technologie, die seit Gutenbergs Zeiten stetig verfeinert wurde.

Ein Buch ist ein Datenspeicher. Es bewahrt Ideen und Informationen in systematischer Form und dokumentiert sie für die Nachwelt.

Ein Buch ist eine Referenz. Mit Ihrem Expert:innenwissen oder der Fähigkeit, gute Geschichten zu erzählen, finden Sie kaum eine bessere Empfehlung an Ihre Zielgruppe.

Ein Buch ist ein Wirtschaftsgut. Unternehmen investieren in seine Produktion und handeln damit, um Gewinne zu erzielen.

Ein Buch ist ein Kulturgut. In Deutschland schützen der ermäßigte Mehrwertsteuersatz, die Preisbindung und das Urheberrecht das Werk und damit die Vielfalt in der Verlags- und Buchhandelslandschaft. Auch Selfpublisher:innen profitieren davon und tragen ihren Teil zur Bibliodiversität bei.

Ein Buch ist ein Symbol. Seit den Pergament- und Papierkodizes des Mittelalters steht es für hohen sozialen Status und Gelehrsamkeit.

Ein Buch ist ein Kultobjekt. Die Bibel als Buch der Bücher ist fest verankert in unserem kollektiven Gedächtnis.

Ein Buch ist ein Kunstwerk. Nicht nur inhaltlich, wenn es um Literatur geht, sondern auch materiell durch eine außergewöhnliche künstlerische Gestaltung, zum Beispiel bei Künstlerbüchern.

Ein Buch ist eine »nicht periodische Publikation von mindestens 49 Seiten«, so die Definition der UNESCO. Die internationale Organisation ruft alljährlich am 23. April den Welttag des Buchs und des Urheberrechts aus.

Ein Buch ist ein Knoten in der Welt. Es verknüpft lose Fäden und hält sie fest.

Ein Buch ist ein Organisationswunder. Dank seiner Ordnungs- und Gliederungssysteme wie Seitenzahlen, Inhaltsverzeichnis, Kapitel, Register etc. lässt es sich Seite für Seite lesen oder auch quer erschließen. An jeder Stelle ist klar, wo die Leserin, der Leser sich befindet. Struktur ist Trumpf.

»Ein Buch ist ein Geschenk« – Werbeslogan des Börsenvereins des deutschen Buchhandels in den 1980er-Jahren.

Ein Buch ist ein Statement. Es thematisiert wichtige Fragen und trägt sie in die Öffentlichkeit. Damit setzt es Diskussionen in Gang und fördert die Meinungsbildung.

Ein Buch ist ein Konventionenbündel. Das Zusammenspiel aller Elemente folgt bewährten Regeln, fein abgestimmt auf den jeweiligen Bedarf. Mit der Erfahrung aus fünfhundert Jahren Buchgeschichte.

Ein Buch ist eine Zeitmaschine. Es versetzt uns an einen beliebigen Punkt in der Vergangenheit oder in der Zukunft.

Ein Buch ist ein Portal. Es öffnet den Weg in unbekannte Welten, führt zu entlegenen Orten.

Ein Buch ist ein sinnlicher Genuss. Papier hat einen Klang, Blätter verströmen ihren Geruch nach Leim und Farbe, der Einband fühlt sich glatt oder rau an, der Buchkörper wiegt schwer oder leicht, das Format ist handlich oder repräsentativ.

Ein Buch ist wie der Mond. Für den Schreibenden nimmt er zu, für den Lesenden nimmt er Seite um Seite ab.

Welche anderen Zuschreibungen fallen Ihnen ein?

Mein Abenteuer Buch

Ein Buch ist für mich:

_____

_____

_____

_____

_____

_____

_____

_____

_____

Mein Buch ist:

KURZINTERVIEWS

Beispiele sagen oft mehr als alle Theorie. Deshalb finden Sie auf den nächsten Seiten fünf Interviews mit Autorinnen und Autoren, die ich bei der Arbeit an ihrem Buchprojekt begleiten durfte.

Die Auswahl ist willkürlich. Ich könnte einen eigenen Band mit Erfahrungsberichten »meiner« Selfpublisher:innen herausgeben – das Spektrum reicht von Ratgebern und Sachbüchern über Themen wie Yoga, Hundeernährung oder Genderfragen über Kurzgeschichten aus Brooklyn und Boston bis hin zu Romanen über Beta-Atlantis, den Goldsteig oder den Henker von Nürnberg. Jedes Werk ist einzigartig und hat seine eigene Geschichte, jedes dieser Buch-Abenteuer lag und liegt mir am Herzen.

»ICH WAR GLÜCKLICHER BESITZER EINES WUNDERSCHÖNEN BUCHS«

Gerd Grashaußer

Der Grabsänger

Hardcover mit Schutzumschlag, 200 S.

Psst-Verlag, 2016

ISBN 978-3-93-329191-2, 16,80 Euro

www.kindermusikkaufhaus.de/geraldino/

der-grabsaenger/#leseHoerbuch

Der Kindermusiker beschreibt die wichtigsten Stationen auf seinem Weg vom Grabsänger zum Rockstar der Kinderzimmer. Er schildert, wie er als Spross einer Arbeiterfamilie zwischen teils schrulligen, teils tragischen Figuren aufwächst. Seine Alltagsabenteuer führen ihn vom Wirtschaftswunder bis zur Punkperformance – skurril und melancholisch, derb und einfühlsam.

Wie war dein Weg zum eigenen Buch?

Ich wollte ein Buch über meine Familie, meine Verwandtschaft, meine Kindheit schreiben. Also fing ich irgendwann bei der Geburt an und schrieb immer, wenn ich Zeit und Muße hatte, chronologisch daran weiter. Als ich das fertige Manuskript einigen Freunden zum Lesen gab, kamen die unterschiedlichsten Reaktionen, von »Das kannst du nicht veröffentlichen« bis »Wahnsinn, total klasse, irre, was du erlebt hast«.

Für wen hast du es geschrieben?

Erst einmal wollte ich es nur für mich schreiben, aber irgendwann war der Drang da, es doch zu veröffentlichen. Es steckte so viel Arbeit darin, über zwei Jahre.

Bei welchen Schritten hast du dir Unterstützung gesucht?

Ich suchte mir eine Lektorin und beschloss, das Buch in Eigenregie zu veröffentlichen. Außerdem arbeite ich seit vielen Jahren mit einer hervorragenden Grafikerin zusammen, die mir das Layout machte und verschiedene Coverentwürfe anbot. Vorher habe ich natürlich Ideen gesammelt und vor allem Bücher ganz anders betrachtet: Papier, Schriftgröße, Bindung, Cover ... Meine Lebenspartnerin hat mich in allen Bereichen sehr unterstützt, ohne sie hätte ich das Buch in der Form nicht veröffentlicht. Sie hat konstruktive Kritik geäußert und war ein Korrektiv in allen Bereichen.

Du hast den Druck selbst organisiert – warum?

Ich wollte ein gebundenes Buch, das ich gern in die Hand nehme, das mir gefällt, optisch und haptisch. Deshalb waren die Gestaltung des Einbands und die Aufmachung für mich sehr wichtig.

Ich nahm Kontakt zu verschiedenen Druckereien auf und ließ mich beraten. Ich suchte eine Firma, die das Buch in Kleinauflage zu einem für mich finanzierbaren Preis und in der Qualität drucken konnte, wie ich mir das vorstellte. Letztlich landete ich bei einer Druckerei in Litauen, die das toll gemacht hat. Die Anlieferung war zwar ein Zitterakt, denn die Spedition hat meine ersten 300 Bücher versehentlich nach Holland geliefert, und dort tauchten sie erst nach ein paar Tagen des Nachforschens wieder auf. Aber es ging alles gut. Ich war glücklicher Besitzer eines wunderschönen Buchs, und ich war stolz auf mein kleines Werk.

Wie ging es weiter?

Da meine Frau ein Label und einen Verlag hat, in dem bisher meine CDs, aber auch Lieder- und Bilderbücher veröffentlicht wurden, war es kein Problem, eine ISBN zu bekommen, im Verzeichnis Lieferbarer Bücher zu erscheinen und bei den Großhändlern gelistet zu werden. Wobei die Großhändler nervten, die haben immer nur ein oder zwei Bücher bestellt und wollten 50 % Rabatt und Versandkostenfreiheit, das heißt, ich musste das Buch in diesem Fall unter dem Herstellungswert abgeben. Bei Direktbestellungen von Buchhandlungen gab ich bis zu 30 % Rabatt, teilweise mit Remissionsrecht (aber es kamen keine Bücher zurück).

Zum Glück bekam ich gute Rezensionen in verschiedenen Zeitungen, auch Rundfunkbeiträge haben dazu beigetragen, dass einige Buchhändler in der Umgebung mein Buch ins Sortiment aufnahmen. Es lief auch viel über persönliche Kontakte, ich ging einfach ziemlich frech von Buchhandlung zu Buchhandlung und bat darum, mein Buch zu bestellen, da ich eine kleine Lesereise plante und die Presse sicher was darüber schreiben würde. Hat funktioniert. Die meisten Buchhändler waren sehr aufgeschlossen und sehr nett. Die Filialen der großen Ketten allerdings ließen mich ziemlich abblitzen. Nach sechs Monaten konnte ich schon die zweite Auflage bestellen.

Das lag natürlich auch daran, dass ich viele Lesungen gemacht habe. Ich hatte einen Musiker dabei, und alle fünfzehn Minuten gab es einen musikalischen Beitrag, der die Lesung frisch und abwechslungsreich machte. Am meisten hat mich frustriert, dass viele Veranstalter meinten: Du kannst lesen, aber wir können nichts dafür bezahlen, du verkaufst ja dann deine Bücher. Allerdings bekam ich zum Teil sehr aufmunternde Kommentare aus dem Publikum: »Ihre Lesung war in keiner Sekunde langweilig.«

Die Bücher habe ich bei mir zu Hause gelagert, eigentlich bildeten sie ein Regal für meinen Laptop, das mit der Zeit immer kleiner wurde und zurzeit nur noch aus einer Kiste mit zwölf Büchern besteht.

Was würdest du beim nächsten Mal anders machen?

Ich würde es eigentlich genauso machen, denn ich konnte im Lauf der Zeit alle Investitionen wieder einspielen. Auch wenn mir das Buch keinen großen finanziellen Gewinn eingebracht hat, war es die Sache wert.

Was ist dein heißer Tipp für andere Selfpublisher:innen?

Für mich war es sehr hilfreich, dass ich den Text zunächst als Hörbuch aufgenommen habe. Ich habe ihn in meinem kleinen Homestudio ins Mikrofon gesprochen. Dabei habe ich noch vieles korrigiert, umgeschrieben, flüssiger, natürlicher gemacht. Ansonsten – einfach machen. Vielleicht jemanden kontaktieren, der so etwas selbst schon durchgezogen hat.

Gerd Grashaußer alias Geraldino bringt seit über drei Jahrzehnten die verschiedensten Musikstile in die Kinderzimmer und auf die Bühne.

Foto © Bruno Weiß

»DAS GANZE BUCHPROJEKT WAR EINE ART SELBSTVERWIRKLICHUNGSKISTE«

Sonja Höflich

Gegen ein Leben auf der Überholspur

Hardcover mit Lesebändchen, 110 S.

BoD, 2020

ISBN 978-3-7526-6920-6, 14,90 Euro

www.bod.de/buchshop/gegen-ein-leben-auf-der-ueberholspur-sonja-hoeflich-9783752669206

Hirnverbrannte, merkwürdige, überspannte und lustige Kurzge-schichten, deren Hauptpersonen sicherlich ganz normal sind: Da wären alte Männer, Sekretärinnen, Selbstmörder, Mörder, Schmuggler, Auszeitmacher, solche, die dem Alkohol durchaus zu-getan sind, jene, die die Zeit zu beherrschen suchen, und solche, die nicht so ganz klar im Oberstübchen sind.

Wie war dein Weg zum eigenen Buch?

Wie immer stand natürlich am Anfang das Wort. Erst als die Wor-te, aus denen dann Geschichten wurden, nach ewigem Hin und Her von mir für gut genug befunden waren, entschloss ich mich zur

Buchveröffentlichung. Viel Recherche bei den unterschiedlichen Dienstleistern/Anbietern und auch viele Erfahrungsberichte von anderen Autoren haben mich Stück für Stück weitergebracht. Und ehrlich gesagt haben mich gerade die eher nicht so gut aussehenden Bücher von Selfpublishern sowie deren oft auch nicht ganz so gute Inhalte darin bestärkt, dass wenn die das hinbekommen, ich das auch locker schaffe.

Für wen hast du es geschrieben?

Wenn ich es recht überlege, ist das ganze Buchprojekt eine Art Selbstverwirklichungskiste. Ursprünglich entstanden meine Kurzgeschichten, um sie bei entsprechenden Literaturausschreibungen einzureichen, was ich auch getan habe. Da allerdings nur eine einzige Veröffentlichung »herausgesprungen« ist, wollte ich es einfach nicht dabei belassen.

Bei welchen Schritten hast du dir externe Unterstützung gesucht?

Ich weiß ja, dass alle immer raten, dass man nicht alles selbst machen soll, dass es Profis gibt, die man engagieren soll, damit hinterher auch kein Mist herauskommt.

Dem stimme ich unbedingt zu, wenn da nicht der finanzielle Aspekt wäre. Deshalb habe ich bis auf das Lektorat tatsächlich alles selbst gemacht, was mich allerdings sehr viel Zeit gekostet hat. Für mich gibt es nichts Schlimmeres als einen schlechten oder unstimmigen Text. Insofern bin ich mit dem professionellen Lektorat sehr zufrieden gewesen!

Welche Fragen fandest du besonders schwierig?

Die meisten Nerven haben mich das Cover und der Klappentext gekostet. Die elementare Frage für mich war aber: Was muss ich tun, damit mein Buch in den Buchhandel kommt?

Ich wollte von vornherein ein Hardcover, deshalb gab es bei der Preisgestaltung gar nicht so viele Möglichkeiten. Papier ist teuer. Allerdings braucht man schon ein wenig Selbstbewusstsein, um ein kleines dünnes Büchlein mit zwölf Geschichten für 14,90 Euro zu verkaufen.

Für welchen Selfpublishing-Dienstleister hast du dich entschieden und warum?

Im Endeffekt habe ich mich für Books on Demand (BoD) entschieden, die ich aber auch schon vor meinen ganzen Recherchen als Nummer eins im Hinterkopf hatte. Im Grunde hätte ich auch gleich auf mein Bauchgefühl hören können.

Mir war wichtig, dass mein Hardcover wertig aussieht und dass es überall im Buchhandel gekauft werden kann. Überlegungen zu Gewinnmargen oder Verkaufszahlen etc. habe ich da eher außen vor gelassen. Außerdem bin ich ziemlich empfindlich bei komplizierten Plattformen. BoD fand ich recht aufgeräumt und übersichtlich.

Totaler Pluspunkt für mich war auch, dass man einfach eine Art Musterbuch herstellen lassen kann (BoD fun). Also, man legt ein Buchprojekt an, lädt Text und Cover hoch, legt vorher sämtliche Maße etc. fest, und schwupps druckt BoD einfach dieses Buch, natürlich ohne ISBN. Das kann jeder machen, es kostet praktisch nur den Druck und die Versandkosten – bei mir gerade mal um die 11 Euro. Auch für diejenigen, die einfach nur einige Exemplare einer Familienchronik oder Ähnliches drucken lassen wollen, ist das eine recht günstige und einfache Lösung. Anhand des Musterbuchs sieht man dann schon, ob die Qualität stimmt, aber auch, ob bei Text und Cover alles am richtigen Platz ist.

Was würdest du beim nächsten Mal anders machen?

Auf jeden Fall würde ich mir künftig im Vorfeld einer Veröffentlichung mehr Gedanken über Marketingstrategie, Rezensionen, Vertriebs- und auch Verdienstmöglichkeiten machen.

Was ist dein heißer Tipp für andere Selfpublisher:innen?

Je dünner ein Buch ist, desto günstiger. Versandkosten, die für Eigenexemplare in Rechnung gestellt werden, die man vermutlich bei sämtlichen Buchdienstleistern bestellen kann, spielen durchaus eine Rolle.

Außerdem würde ich empfehlen, die Zeitschrift *der selfpublisher* zu lesen und sich auf *www.autorenwelt.de* umzusehen und anzumelden.

Wer das Weihnachtsgeschäft mitnehmen möchte, sollte eine Veröffentlichung seines Buchs für Oktober planen.

Sonja Höflich, freiberufliche Kurzgeschichten-
fanatikerin und Saxofonistin bei duopoli,
der kleinsten Big Band der Welt, wurde in
Würzburg geboren, lebt derzeit in der Ober-
pfalz und schreibt seit ihrem ersten Auszeit-
jahr 2007 auf Mallorca.

Foto © Tanja Kraus

»ICH WOLLTE DAS BUCH MIR SELBST SCHENKEN«

Kathrin Maier

davonschwimmen. odpłynąć

Neue Gedichte und Geschichten mit polnischer
Übersetzung von Iwona Lompart, Agnes Zmenda
und Marek Schejka

Softcover, 76 S., 2015

ISBN 978-3-00-050852-3, 12,80 Euro

25 Kurz- und Langgedichte sowie Prosastücke im Duett, der deutsche Text jeweils auf einer rechten Buchseite, die polnische Übersetzung links gegenüber.

Wie war dein Weg zum eigenen Buch?

Mein erstes Buch habe ich über eine Onlineplattform veröffentlicht. Dabei bin ich an meine computertechnischen Grenzen gestoßen, und ich habe dadurch etliche Abstriche an der Qualität in Kauf genommen. Es war mehr eine Testphase, dass oder ob ich mir eine Veröffentlichung zutraue. Mein zweites Buch, *davonschwimmen*, weckte von der Intensität der Gedichte her und dadurch, dass alle in die polnische Sprache übersetzt wurden, einen anderen Gestaltungswunsch in mir.

Für wen hast du es geschrieben?

Ich wollte das Buch für mich persönlich veröffentlichen und dann erst interessierte Leserinnen und Leser daran teilhaben lassen.

Bei welchen Schritten hast du dir externe Unterstützung gesucht?

Da ich durch den Verein Krakauer Haus e. V. und meine Übersetzerin Iwona Lompart einen engen Bezug zu Nürnberg habe, wünschte ich mir Begleitung aus Nürnberg oder dem Umland. Zudem wollte ich die Leute persönlich kennenlernen und mich mit ihnen austauschen und nicht nur per PC Dateien hin- und herschicken. So habe ich meine Lektorin und über sie auch meine Buchdesignerin und den Hersteller gefunden.

Welche Fragen fandest du besonders schwierig?

Die Gestaltung. Ich wollte ein leichtes schmales Buch, in dem der deutsche Text und die jeweilige Übersetzung sich gegenüberstehen. Nachdem die Abfolge der Gedichte feststand, hat sich die Grafikerin viel Zeit für mich genommen, um mein Anliegen gut zu erfassen, um es in die Gestaltung einfließen zu lassen, bis hin zu Schriftbild und Schriftgröße.

Für das Cover hat sie mir fünf Gestaltungsvorschläge geschickt, die mich alle wirklich sehr berührt haben. Sie bezogen sich auf den Titel »davonschwimmen«, eben mit der Farbe Blau und dieser diffusen Linie zwischen Himmel und Wasser (bewusste und unbewusste Seite), diesem Gleiten im Wasser und Abtauchen etc. Am Ende kamen noch ein Lesezeichen im gleichen Design dazu und eine weiße Banderole mit Klebeverschluss. Ein rundum liebevoll gestaltetes Kleinod.

Du hast den Druck selbst organisiert – warum?

Ich wollte eine kleine Auflage von 250 Büchern drucken lassen und sie selbst verkaufen, deshalb habe ich mich beraten lassen und direkt eine Druckerei beauftragt. Das hat alles gut geklappt, die Bücher wurden mir nach Hause geliefert, in einer Kiste liegen noch 15 Stück.

Was würdest du beim nächsten Mal anders machen?

Es wurde mir geraten, eine ISBN-Nummer zu kaufen, um im Buchhandelskatalog gelistet zu sein. Darauf hätte ich verzichten können, da ein kleiner Gedichtband, noch dazu zweisprachig, ein absolutes Nischenprodukt ist. Beim nächsten Mal würde ich genauer abwägen, wen ich mit meinem Buch erreichen will.

Welches Resümee ziehst du?

Um mehr Bücher zu verkaufen, hätte ich generell viel mehr Werbung betreiben müssen, aber das war nie der Grund für die Veröffentlichung. Ich wollte das Buch mir selbst schenken. Ich habe mehrere Lesungen gemacht und bei deutsch-polnischen Abenden einzelne Exemplare verkauft. Damit bin ich zufrieden gewesen. Auch bei meinen vielen Reisen nach Polen hatte ich immer einige Exemplare dabei.

Ich möchte das Buchprojekt *davonschwimmen. odpłynąć* auf keinen Fall auf meinem persönlichen Weg missen und bin dankbar für die liebevolle und gute Begleitung vom ersten Wort bis hin zum kompletten Buch. Und wenn ich mir das Buch jetzt gerade nochmals anschaue und durchblättere, ich würde es wieder genau so haben wollen.

Kathrin Maier lebt in der Nähe von Nürnberg. Sie studierte Betriebswirtschaft, arbeitet als ausgebildete Yogalehrerin und unterstützt den deutsch-polnischen Kulturaustausch. Sie schreibt Kurzgeschichten und Gedichte und lässt die meisten ihrer Texte ins Polnische übersetzen.

Foto © privat

»ICH SCHREIBE AUS LEIDENSCHAFT FÜR EIN THEMA«

Ulrike Schimming
Der Schritt. Das Martyrium der Kinder
vom Bullenhuser Damm
Softcover, 188 S.
epubli, 2020
ISBN 978-3-7502-9250-5, 10,00 Euro
E-Book: 978-3-7502-9173-7, 3,99 Euro
www.ulrikeschimming.de

Der Schritt erzählt eine wahre Geschichte: Ende April 1945 werden in einer Hamburger Schule zwanzig jüdische Kinder ermordet. Zuvor hatte ein KZ-Arzt unmenschliche medizinische Versuche an ihnen durchgeführt. Am Beispiel des siebenjährigen Sergio zeichnet die Novelle das grausame Verbrechen nach, das nicht vergessen werden darf.

Wie war dein Weg zum eigenen Buch?

Als literarische Übersetzerin hatte ich irgendwann die Idee für ein eigenes Buch. Diese Herausforderung, etwas ohne eine Vorlage zu schreiben, reizte mich sehr. So entstand mein erstes Buch, dem dann bald das zweite folgte.

Für wen schreibst du?

Bei meinen Büchern gehe ich nicht von den potenziellen Leser:innen aus, sondern vielmehr von meiner eigenen Leidenschaft für ein Thema, das ich erzählerisch behandeln möchte. Es muss mich packen und darf mich nicht mehr loslassen.

Bei welchen Schritten hast du dir externe Unterstützung gesucht?

Für den Schreibprozess habe ich mir Anregungen und Rückmeldungen im Rahmen von Roman-Coaching-Seminaren geholt, die mir beim Plotten, bei der Struktur oder der Wahl der Perspektive geholfen haben. Nach Abschluss der Geschichte habe ich den Text lektorieren und Korrektur lesen lassen. Für das Cover, den Satz und die Umwandlung in ein E-Book habe ich eine Grafikerin engagiert.

Welche Fragen fandest du besonders schwierig?

Schwierig ist für mich immer noch das Selbstmarketing, da es viel Zeit verschlingt und ich manchmal Hemmungen habe, in den sozialen Netzwerken penetrant auf mein aktuelles Buch aufmerksam zu machen.

Was würdest du beim nächsten Mal anders machen?

Ich würde mir mehr Zeit mit der endgültigen Veröffentlichung lassen, da ich beim vorherigen Buch ein paar Schwierigkeiten mit der

Druckqualität hatte und alles zu früh online gestellt habe – manchmal bin ich einfach zu ungeduldig.

Was ist dein heißer Tipp für andere Selfpublisher:innen?

Empfehlen kann ich *Die Selfpublisherbibel* von Matthias Matting, darin finden sich zahlreiche technische Tipps und Tricks, die einem das Veröffentlichen sehr erleichtern.

Dr. Ulrike Schimming übersetzt Literatur aus dem Italienischen und Englischen. Sie hat zwei eigene Bücher veröffentlicht: den Roman Glaube Liebe Stigmata *(2017) und die* Novelle Der Schritt. Das Martyrium der Kinder vom Bullenhuser Damm *(2020). Beide Bücher sind bei epubli erschienen.*

Foto © Kirsten Haarmann

»ES WAR, ALS ERSCHIENE EINE HAND MIT EINEM STAFFELSTAB AUS DEM BUCH«

Andreas Steinberger

Die magentafarbene Tulpe II.

Im Land des Grüntees

Hardcover mit Schutzumschlag und

Lesebändchen, 224 S.

BoD, 2020

ISBN 978-3-751-98226-9, 18,99 Euro

www.shop.autorenwelt.de/products/die-magentafarbene-tulpe-teil2-im-land-des-gruntees-von-andreas-steinberger?variant=32717729759325

Im Land des Grüntees ist der zweite Teil des Romans *Die magentafarbene Tulpe* und der letzte Band der »Leuchtturm«-Reihe. Nach wenigen turbulenten Tagen und Nächten erfährt André Geheimnisse über sein Kloster und wie er mit dem Ort verbunden ist, der für das Gleichgewicht von Gut und Böse sorgt.

Wie war dein Weg zum eigenen Buch?

Ich las gerade die ersten Seiten eines Romans meines Lieblingsautors Murakami, da erfasste mich sein Schreibstil so tief, dass mir klar war: Genau so möchte ich auch schreiben. Es war, als erschiene eine Hand mit einem Staffelstab aus dem Buch. Also setzte ich mich am nächsten Morgen hin und fing an zu schreiben. Nach einigen Wochen fiel mir jedoch auf, dass ich einfach nur eigene emotionale Erlebnisse niederschrieb. Deshalb legte ich das Geschriebene zur Seite und überlegte mir eine neue Geschichte, eine für eine klar definierte Leserin und einen klar definierten Leser – nicht für mich. Das bereitete mir noch viel mehr Spaß.

Für wen hast du es geschrieben?

Für Leserinnen und Leser des Genres magischer Realismus.

Bei welchen Schritten hast du dir externe Unterstützung gesucht?

Sowie fett »Ende« unter den letzten Zeilen stand und ich den Text dreimal überarbeitet hatte, schaute ich mich nach einer Lektorin und einer Korrektorin um. Während das Manuskript dort lag, ließ ich mir über eine Kreativplattform das Cover erstellen. Das beanspruchte aber viel Zeit, weshalb ich mich beim zweiten Buch selbst dranwagte. Dafür besorgte ich mir Programme für den Buchsatz.

Für welche Selfpublishing-Dienstleister hast du dich entschieden?

Ich lud die Printdatei bei BoD und die E-Book-Datei bei amazon und tolino media hoch. BoD, weil am gängigsten, amazon wegen der Masse, tolino media, um alle Leserinnen und Leser zu erreichen, aus einem Gerechtigkeitsgefühl heraus und der schönen Geräte wegen. So kann jeder Mensch mein Buch auf seine Weise lesen.

Welche Fragen fandest du besonders schwierig?

Marketing! Alles andere fand zumeist mit einer inneren Einstimmigkeit statt. Doch mein Buch sollte auch gesehen werden. Deshalb habe ich gezielt Werbung geschaltet, um in den Ranglisten zu erscheinen, und stellte den Roman in einigen Buchhandlungen vor.

Was würdest du beim nächsten Mal anders machen?

Da fällt mir nichts ein.

Was ist dein heißer Tipp für andere Selfpublisher:innen?

Sitzen bleiben, auch wenn die Muse sich gerade rar macht. Die Selfpublishing-Reihe auf dem YouTube-Kanal von Laura Newman, in der sie detailliert zeigt, wo und wie man sein Buch veröffentlichen kann. Und natürlich die Seite *www.selfpublisherbibel.de.*

Andreas Steinberger erlernte einen handwerklichen Beruf und arbeitet so gut wie täglich an seinen eigenen Geschichten.

Foto © privat

ANHANG

LITERATUR- UND LINKTIPPS

Hier eine kommentierte Liste empfehlenswerter Publikationen und Links. Ergänzen Sie die Tipps mit Ihren eigenen Favoriten.

Publikationen

Huesmann, Anette: Buchgenres kompakt – *Handbuch der Genres von Actionthriller bis Zeitgeschehen,* BoD, 2019. Fundierte Aufklärung über Genres, Subgenres und ihre Entstehungsgeschichte mit zahlreichen Beispielen. *www.die-schreibtrainerin.de/buecher-genre*

der selfpublisher. Deutschlands 1. Selfpublishing-Magazin, Hrsg. Selfpublisher-Verband e.V., erscheint vierteljährlich. *www.autorenwelt.de/magazin/derselfpublisher/aktuelles-heft*

Matting, Matthias: *Die Selfpublisherbibel. Autoren-Handbuch für verlagsunabhängiges Publizieren,* Ausgabe 2019, siehe *www.selfpublisherbibel.de.*

Rautenberg, Ursula (Hrsg.): *Reclams Sachlexikon des Buches,* 3.Aufl., Stuttgart, 2015. Standardwerk zum Nachschlagen von Grundlagenwissen von der Handschrift bis zum E-Book in dritter, gründlich überarbeiteter und ergänzter Auflage.

Uschtrin, Sandra/Hinrichs, Heribert (Hrsg.): *Handbuch für Autorinnen und Autoren*, 8. Aufl., Inning am Ammersee, 2015. Umfassende Informationen und Adressen aus dem deutschen Literaturbetrieb und der Medienbranche in der achten, völlig überarbeiteten und erweiterten Auflage. Kurzrezension: *www.folio-lektorat.de/blog_detail/ ueber-das-schreiben-und-publizieren-wissen-in-bestform.html*

Links

www.adb-online.de: Das Onlineverzeichnis des Adressbuchs für den deutschsprachigen Buchhandel enthält unter anderem Kontaktinformationen von Buchhandlungen für die Recherche nach Region oder Fachgebiet.

www.autorenwelt.de: Plattform mit kuratierten Inhalten für Autor:innen sowie eigener Onlinebuchhandlung – registrierte Autor:innen werden hier mit 7% des Ladenpreises am Verkauf ihrer Bücher beteiligt. *www.shop.autorenwelt.de*

www.boersenblatt.net: Das Fachmagazin für die Buchbranche erscheint wöchentlich. Mehrere Newsletter geben Einblick in den Buchmarkt. *www.boersenblatt.net/service/newsletter*

www.boersenverein.de: Der Börsenverein des Deutschen Buchhandels e.V. ist der Branchenverband für Verlage, Buchhandlungen, Zwischenbuchhändler und andere Medienunternehmen mit Sitz in Frankfurt am Main. Er wacht über das Kultur- und Wirtschaftsgut Buch, gibt das *Börsenblatt* heraus und vergibt über die MVB GmbH zum Beispiel die ISBN.

www.buchjournal.de: Das kostenlose Kundenmagazin wird herausgegeben vom Börsenverein, über den Buchhandel vertrieben und erscheint zweimonatlich. Lesetipps und Literaturnews gibt es auch im wöchentlichen Newsletter. *www.buchjournal.de/newsletter*

www.buecherfrauen.de: Als Branchennetzwerk verbindet Bücher-Frauen e.V. seit 1990 Frauen aus Buchhandel, Verlagen, Agenturen und allen anderen Arbeitsbereichen rund ums Buch.

www.dnb.de: Die Deutsche Nationalbibliothek mit den beiden Standorten Frankfurt am Main und Leipzig hat den gesetzlichen Auftrag, »alle Werke in Schrift und Ton, die seit 1913 in und über Deutschland oder in deutscher Sprache veröffentlicht werden«, zu sammeln, zu dokumentieren und zu archivieren. Der Katalog bietet umfassende Recherchemöglichkeiten.

indie-autoren-buecher.de: Portal für Bücher von Indie-Autoren und Selfpublishern von Jens Wittern mit kommerziellem Angebot.

indie-buecher.com/infos: Nicht kommerzielle Plattform für Autor:innen und Kleinverlage von Catherine Strefford.

www.kuenstlersozialkasse.de: Selbstständige Künstler:innen und Publizist:innen werden über die Künstlersozialversicherung den Arbeitnehmer:innen in der gesetzlichen Sozialversicherung gleichgestellt und zahlen nur 50 % der Beiträge. Selfpublisher:innen können unter bestimmten Voraussetzungen KSK-Mitglied werden. Sie sind außerdem selbst beitragspflichtig, wenn sie »nicht nur gelegentlich Entgelte für freischaffende künstlerische oder publizistische Leistungen zahlen«, also zum Beispiel Lektorat und Coverdesign bei freien Dienstleister:innen in Auftrag geben. *www.kuenstlersozialkasse.de/unternehmen-und-verwerter/wer-ist-abgabepflichtig.html*

www.libri.de: Der Hamburger Buchgroßhändler führt rund 800.000 Titel, die über Nacht ausgeliefert werden können. Libri ist eine Unternehmensschwester von Books on Demand (BoD).

mvb-online.de/selfpublisher: Als Tochter des Börsenvereins des Deutschen Buchhandels bietet der Marketing- und Verlagsservice MVB GmbH Dienstleistungen wie die ISBN-Vergabe an. Das Portal eignet sich auch gut zur Recherche.

www.netzwerk-autorenrechte.de: Informationsnetzwerk und verbandsübergreifende Interessensvertretung für Autor:innen.

www.selfpublisherbibel.de: Als Website, Kindle- und Printausgabe bietet die *Selfpublisherbibel* von Matthias Matting vertiefte Informationen und Orientierung zu allen Fragen des Selfpublishings.

www.selfpublisher-verband.de: Der Verband unabhängiger Autorinnen und Autoren vertritt die Förderung, Beratung und Vertretung seiner Mitglieder im Bereich des Selfpublishings. Ein monatlicher Newsletter informiert zu Selfpublishing-Themen und zu den aktuellen Entwicklungen in der Buchbranche sowie über neue Verbandsaktionen.

selfpublishing-buchpreis.de: Der Selfpublisher-Verband e.V. prämierte 2020 erstmals Selbstverlegtes in den Kategorien Belletristik, Sachbuch/Ratgeber und Kinder-/Jugendbuch. Partner sind die Selfpublishing-Plattformen Books on Demand (BoD), Neopubli und tolino media.

www.typolexikon.de: Populärwissenschaftliches Langzeitprojekt von Wolfgang Beinert mit Fachwissen rund um Typografie, Schrift und Grafikdesign für eine breite Öffentlichkeit.

www.umbreit.de: Der Zwischenbuchhändler mit Sitz in Bietigheim-Bissingen hat einen Marktanteil von ca. 12% und über 400.000 Lagertitel. Mehr als drei Millionen Titel sind außerdem im Lagerbestand und können schnell besorgt werden. Über den

Katalog sind vier Millionen Titel bestellbar (inklusive E-Books). Voraussetzung für die Neuaufnahme in den Katalog ist ein Verlagsprogramm mit mindestens drei Titeln. *www.umbreit.de/lieferanten/ neuaufnahme.html*

www.vgwort.de: Ähnlich wie die GEMA für Musik verwaltet die Verwertungsgesellschaft Wort die Vergütungsansprüche ihrer Mitglieder und Wahrnehmungsberechtigten für die Nutzungen von urheberrechtlich geschützten Werken. Autor:innen können kostenfrei Mitglied werden und erhalten für ihre gemeldeten Werke Ausschüttungen nach einem bestimmten Schlüssel. *www.vgwort.de/ teilnahmemoeglichkeiten.html*

www.vfll.de: Im Verband der Freien Lektorinnen und Lektoren e. V. sind freiberuflich arbeitende Lektor:innen im deutschsprachigen Raum zusammengeschlossen. Zu den Zielen gehören unter anderem die Professionalisierung und die Qualitätssicherung im Lektorat. Selfpublisher:innen können unter *www.lektoren.de* Profile und Kontaktdaten von Textprofis recherchieren oder unter *www.vfll.de/ lektor-in-finden/auftragsanfrage* eine Auftragsanfrage an die Mailingliste des VFLL schicken.

www.zeitfracht.de/barsortiment: Über das Barsortiment kann der Buchhandel rund 590.000 lieferbare Artikel beziehen. Vom Logistikzentrum in Erfurt aus wird »rund ein Fünftel der Ware für den deutschsprachigen Buchmarkt« geliefert, das meiste davon über Nacht. Über den Katalog sind 13 Millionen Titel bestellbar (inklusive E-Books und Zusatzsortimente). *www.zeitfracht.de/barsortiment/ fuer-lieferanten/infos-fuer-neue-lieferanten*

Mein Abenteuer Buch

Meine Literatur- und Linktipps:

_____

_____

_____

_____

_____

_____

_____

REGISTER

DANK

Für ein Buch braucht es viele Menschen. Das trifft auch auf diesen Leitfaden zu. Von der ersten Idee an hat sich das Konzept weiterentwickelt, auch weil mein Mann, die Testleserin, die beiden Lektorinnen und die Grafikerin an Kritik und Zuspruch nicht gespart haben. Dafür danke ich herzlich Axel Voigt, Elke Thoma, Barbara Lösel, Sabine Schöberl und Tanja Rose.

KONTAKT

Wie gefällt Ihnen dieser Leitfaden? Was finden Sie gut und was nicht? Ich freue mich auf Ihre Fragen, Ergänzungen, Korrekturen! Schreiben Sie mir bitte an: *voigt@folio-lektorat.de*

Besuchen Sie mich auch auf meiner Website
www.folio-lektorat.de, meinem Blog
www.folio-lektorat.de/blog.html und hier:
www.instagram.com/foliolektorat
www.linkedin.com/in/marionvoigt
www.xing.com/profile/Marion_Voigt3
www.facebook.com/MarionVoigtLektoratTextAgentur

Foto © Julien Seyerlein